CAROLINE

ET

SAINT-HILAIRE.

CAROLINE

ET

SAINT-HILAIRE,

OU

LES PUTAINS

DU PALAIS-ROYAL.

ORNÉ DE DIX GRAVURES.

TOME SECOND.

LONDRES.

DANS UN B.....

———

1784.

CAROLINE

OU

MES FOUTERIES.

Après un dîner que l'amour et la délicatesse semblaient avoir préparé par
les mains de De Varennes, j'étais re-
montéeà ma chambre; de Varenues m'y
suivit. Mon adorable, me dit-il, en
m'embrassant, c'est ce soir que nous
cimenterons notre union; je vais de
ce pas chez mon notaire pour t'assurer
mille écus de rente et ce sera le présent de la nuit. Tu as vu cette maison
de campagne où tu es venue, et que
tu m'as dit te plaire, elle sera à toi:

c'était le motif de notre voyage. Il
sort : bientôt Brabant entre, il se met
à mes pieds, c'en est donc fait, me
dit-il, ma chère Caroline, j'ai tout entendu. De Varennes va t'enlever à mon
amour. Il laisse cette maison à madame Durancy, il t'emmène dans son
château de Mont-Brison, madame Durancy veut me garder, elle songe à me
donner le titre de son époux. — Je le
vois, mon cher Brabant, lui dis-je,
nous sommes tous deux les victimess
de la fortune ; mais, si tu m'aimes,
nous pouvons rester unis. Refuse
madame Durancy et demande à De
Varennes de passer à mon service, —
Ah! divine Caroline, reprit-il, crois-
tu d'abord que madame Durancy ne
se vengerait pas en découvrant notre
intrigue, et ensuite pourrai-je sans
mourir mille fois te voir dans les bras

d'un rival? Non, je le vois, il faut céder à mon sort. Si je te suis, j'empêche ta fortune, si je t'enlève, nous sommes sans ressources. — Mon ami, lui dis-je, tu vois tout notre malheur, attendons encore avant de nous déterminer. En disant ces mots, je le presse contre mon sein, et par les baisers les plus ardens, je verse dans son âme les étincelles du feu qui me dévore. Éperdue dans ses bras je me laisse conduire presque inanimée sur mon lit, et là mon jeune et vigoureux amant me fait éprouver les plaisirs les plus vifs que l'on puisse goûter avec ce que l'on aime.

Je l'embrasse, le serre, lui rends au centuple les baisers qu'il me donne, et par un concours heureux de sentimens, nos mouvemens d'accord sont près de nous précipiter dans cet état d'insensibilité qui naît d'une délicieuse sensation..... Un bruit soudain se fait entendre dans l'appartement voisin : la fureur semble en être le principe ; tout annonce que nous sommes découverts ; interdits et tremblans, nous nous séparons et je reste seule dans la chambre, livrée à la plus cruelle incertitude. Je m'approche du côté d'où semblait venir ce tapage : De Varennes et madame Durancy se disputaient vivement. A chaque instant je m'attends à voir arriver de Varennes en fureur ; mais je ne vis personne, si ce n'est la cuisinière qui vint m'apporter à souper. N'osant la questionner et elle n'osant probablement me parler de rien, je me couche sans être instruite de ce qui s'était passé : la nuit s'écoule au milieu des alarmes. Le matin De Varennes entre : l'air de gaîté qui règne sur sa figure m'étonne, m'inquiète. Je ne croyais pas, dit-il, d'un air distrait, que le hasard vous avait fait ici trouver un amant; Durancy m'a trompée. Jeannette est un homme; elle l'a reçue dans son lit comme vous dans le vôtre; de cet endroit j'ai tout vu, tout entendu. En même temps il fait aller un ressort, et me montre qu'une simple gaze seulement avait toujours séparé son lit du mien; c'est de là que partaient les soupirs que j'ai quelquefois entendus lorsqu'il le faisait avec madame Durancy. Je devrais être fort en colère, continuat-il, surtout contre vous que j'aimais sincèrement; mais, j'aurais tort, car les femmes sont essentiellement libertines; ainsi belle Caroline, sans rancune; mais aussi sans campagne, sans contrat. Il s'en fut froid.... A l'heure du dîner on me fit descendre, et là, De Varennes s'expliqua ouvertement sur ses desseins à mon égard. D'abord il exigea que Brabant se présentât avec les habits de son sexe, nous dit ensuite qu'il voulait nous renvoyer tous satisfaits autant que nous avions droit de l'espérer ; mais qu'il voulait terminer par une partie de plaisir, qui par la nouveauté ne laissât rien à désirer au goût de chacun et à la volupté. En conséquence le dîner se couronne par d'abondantes libations qui, en égayant l'imagination, l'échauffent par degrés.

Après nous nous rendons dans l'appartement de madame Durancy... De Varennes s'empare de moi, m'embrasse avec ardeur, soulève mes jupons.... Madame Durancy de son côté, voulant faire perdre à Brabant sa timidité ordinaire, l'avait renversé sur son lit et après lui avoir déboutonné son haut-de-chausse, elle serre avec ivresse son bijou qui était parvenu à un point de vigueur propre à faire les délices de la femme la plus difficile, je le regardais, et je lisais dans ses yeux que l'aspect de mes charmes, que le voluptueux De Varennes exposait au jour, était la seule cause de son ardeur. Déjà je suis nue, madame Durancy de même ; à leur tour nos deux cavaliers sont dépouillés par nos mains :

Nous admirons tour-à-tour nos bijoux. Les baisers suivent de près nos éloges mutuels. De Varennes ivre de volupté, me comble de caresses, son action et la vue de Brabant qui était en face de moi avec madame Durancy, ajoutèrent à mon illusion. Cependant chacun de nous s'arme d'une poignée de verges : nous nous rapprochons.

De Varennes les fait tomber sur mon
derrière, je frappe celui de Brabant
qui fustige madame Durancy, qui à
son tour fouette de Varennes. Il n'é-
tait rien de plus voluptueux! Quel tableau offrait cette partie carrée, chacun de nous exhalait des soupirs que
provoquait l'atteinte du plaisir. Nos
sens aiguillonnés par l'action des verges et les objets que l'amour enflammé
présentait à nos yeux, se manifestaient
par les divers mouvemens de nos corps.
De Varennes avait une main entre mes
deux cuisses, de l'autre il chatouillait
mon derrière avec le sceptre que la
vieillesse emploie dit-on pour exciter
ses désirs; mais qui dans la jeunesse
n'est que le prélude des plaisirs les
plus délicieux, d'une main je serrais
le bijou de mon cher Brabant, de l'autre j'excitais sa croupe à se mouvoir en

différens sens, il agitait de même Durancy. Bientôt un feu plus ardent cir-
cule dans nos veines ; muets et hors
de nous, chacun se laisse aller sur le
tapis qui couvre le parquet : De Varennes avait sa tête placée entre mes
pieds ; Durancy se tourne sur lui, et je
serre mon cher Brabant dans mes
bras. Alors ce n'est plus une illusion ;
tout ce que l'amour nous avait point
de plus attrayant, se réalise, dans la
situation où j'étais, je voyais à découvert le jeu de Durancy et De Varennes.
Sensible à la déférence que celui-ci
avait à mon égard, en me laissant avec
mon jeune amant, je chatouillais avec
délicatesse les deux globes annexés à
son bijou. Brabant, pendant ce temps-
là me mange de baisers, et par un
mouvement voluptueusement exécuté,
il enchaîne mes sens. Tout ce qui s'of-

frait à ma vue, les sensations qu'excī-
tait intérieurement le tendre Brabant,
me tirèrent bientôt de cet état charmant pour me plonger dans une mer
de délices, qui se dépeigne par mes
exclamations, mes soupirs et le doux
frémissement qui se fait sentir au même
instant dans toutes les parties de mon
être. Amoureusement étendue auprès
de Brabant que je serrais dans mes
bras, je me sentis tout-à-coup saisir
par le robuste De Varennes, il me re-
tourne, s'appuie sur mes genoux et
mes cuisses étant entr'ouvertes, il introduit à son tour son flambeau d'a-
mour dans le sanctuaire...... Ciel !
combien cette nouvelle position me
parut pleine d'attraits ! Ma tête était
penchée sur le corps de Brabant, ma
langue caressait la tête de son vit et
mes mains le faisaient agir. De son

côté il fait voltiger son doigt autour du siége de la volupté ; mais ce qu'il éprouve lui-même le transporte. Dans l'excès de son ardeur, il colle sa bouche sur l'entrée du temple de madame Durancy qui à genoux avait chacune de ses cuisses à côté de sa tête, et par sa position offrait ses charmes secrets à l'avidité de ses baisers ; une main de celle-ci effleurait légèrement mes cuisses, l'autre frappait le derrière de De Varennes, tandis que leurs bouches l'une contre l'autre se dardaient réciproquement à coups de langue. Entièrement livrée aux plaisirs que me procurait De Varennes, mon esprit ne cherche plus qu'à prodiguer à Brabant des caresses qui augmentent à mesure que les sources du plaisir s'entr'ouvrent. Enfin, il arrive ce moment désiré. De Varennes qui dans sa

nouvelle position pénètre jusqu'au fond
du sanctuaire de l'amour, et qui en
parcourt toute l'étendue avec autant de
variété que de rapidité, fait jaillir d'a-
bondans flots d'amour : presqu'inanimée je me laisse aller sur Brabant,
je le serre mollement dans mes bras.
et ma bouche qui déjà ne lui donne
plus que ces baisers qui, par l'inter-
valle qui règne entr'eux et leur douce
impression, attestent à quels degrés
le sentiment du bonheur et de plaisir
se sont emparés de moi, ma bouche
reçoit le témoignage du plaisir de Brabant. Une abondante ablution la rem-
plit, tandis que la sienne reçoit celle
que le même plaisir fait répandre à
Durancy; tous les quatre nous sommes
plongés dans une ivresse égale : tous
les quatre nous recevons des témoi-
gnages non équivoques de la volupté

la plus vive. C'est ainsi que s'exécute et termine cette partie que De Varennes voulait faire avant notre entière séparation.

Restée seule dans ma chambre, on m'y apporte à souper ; et le lendemain, je reçus par les mains d'une personne inconnue une somme très-considérable de la part de M. De Varennes, avec ordre de quitter le logis dans le jour. J'aurais désiré instruire Brabant de la situation où je me trouvais, et l'engager à me suivre ; j'espérais qu'il ferait probablement quelques tentatives pour se réunir à moi ; mais je ne le vis point. L'amour que Durancy avait pour lui me donna à soupçonner qu'ils étaient partis ensemble. Cette malheureuse idée alluma mon dépit. Je fis approcher une voiture, j'y fis transporter tous mes effets, et m'y transportai moi-même, sans avoir aperçu ame qui vive dans la maison. Je me fis conduire dans le faubourg le plus éloigné, et là, j'arrête devant le premier hôtel garni.

Je m'annonce comme arrivant à Lyon, et me retire dans l'appartement qui m'est donné pour réfléchir à ma situation et au parti que je devais prendre. J'étais jeune, jolie et possédant environ vingt mille francs, outre mes bijoux et autres effets. Que faire? dois-je suivre l'école du plaisir? dois-je écouter les leçons de la sagesse? Dans ce dernier cas, je puis trouver un mariage honnête qui me fera passer des jours heureux; mais, que dis-je, heureux, est-ce dans un ménage, à dix-sept ans, que l'on goûte le bonheur? Avoir toujours près de soi un mari argus qui peut apprendre un jour quelle

a été ma première école, et qui s'en
vengera par le mépris ou autrement?
Non, mon ame ardente ne le supporte-
rait pas. Puisque ma destinée semble
m'avoir fait naître pour le plaisir, lais-
sons-la [illegible] et fatigante sagesse,
et abandonnons-nous au dieu qui me
forma pour jouir. La vie est un passage si court ! Il faut, si l'on peut, la
passer au milieu des roses. Au reste,
je suis dans l'âge de faire fortune dans
le monde, il faut en profiter. En conséquence, je résolus d'aller dans une
ville riche et florissante. Un port de
mer me parut favorable à mes vues ; je
me décidai à aller à Bordeaux. J'em-
ployai cinq à six semaines à mettre
ordre à mes affaires. Je vends mes
hardes inutiles ; je me défais de mes
bijoux, et, après en avoir réalisé pour
trente mille francs, je place cet argent

chez un négociant célèbre. Je conserve seulement cent louis ; je prends une place dans une voiture publique , et me voilà en route. Résolue comme je l'étais de me livrer à toutes les apparences d'aventure pour en faire naître de réelles. Tu penses bien que je ne devais pas être long-temps sans en trouver. En effet , le hasard m'avait placée dans la voiture entre un sexagénaire et un jeune homme de vingt-huit ans ; tous deux s'empressèrent le premier jour de me faire leur cour. Je répondais à leurs civilités avec un air de décence et d'honnêteté, qui leur donnait la plus haute opinion de moi. Le vieillard , plus entreprenant , était toujours alerte pour me rendre tous les services que l'occasion lui présentait. A table, il semblait deviner dans mes yeux ce qui me man-

quait , tandis que le jeune homme portait sur sa figure tous les traits qui ca-
ractérisent la douleur. Au second jour,
le vieillard me marqua la même déférence et beaucoup de tendresse ; gai
et spirituel , il m'amusa , me divertit ;
je lui sus gré de son attention. Pendant ce temps, son rival soupirait , s'a-
gitait sans cesse : en un mot, tout ,
dans ses gestes , annonçait que l'amour
et la jalousie tourmentaient son ame.
Il était nuit , nous étions encore éloi-
gnés de près de deux lieues de l'endroit
où l'on devait s'arrêter , mon jeune
amant se hasarda de prendre une de mes
mains ; je la lui abandonnai. Il y porte
la bouche. Cette légère faveur paraît
effacer tous les tourmens qu'il avait
éprouvés. Il se r'approche de moi , me
presse contre son sein , et me dit à
l'oreille qu'il m'adorait. Nous nous ser-

rûmes réciproquement la main et nous
nous tûmes. J'étais extrêmement ac-
cablée de la fatigue de la voiture; le
sommeil commençait à me gagner lorsque je sentis le vieillard glisser sa main
entre les fentes de mon jupon; je feignis alors un plus grand assoupisse-
ment. Mon silence l'enhardit; quoiqu'en tremblant, il parvint à vaincre
les difficultés qui le séparaient de mes
appas, et, après quelques efforts, il
atteignit le jardin de Cythère. Si mon
embarras avait eu pour but quelques
plaisirs qui me procurait l'espérance
de voir d'un moment à l'autre mes
charmes en son pouvoir; si chaque
mouvement qu'il avait fait pour y arriver m'avait fait tressaillir, quelle fut
ma crainte en m'apercevant au mouvement de mes jupons que mon jeune
voisin les soulevaient avec la plus

grande précaution ! Pour le coup, je fus hors de moi.

Un froid mortel se glisse dans mes veines; mais déjà il a atteint ma cuisse, et, trop ardent pour se satisfaire de cette faible jouissance, il est parvenu à l'endroit où la main du vieillard cherchait à allumer les feux de l'amour. En saisissant cette main, mes deux adorateurs furent interdits. Le plus jeune s'approche de mon oreille et me dit que c'était à lui à me procurer les plaisirs que je cherchais, disait-il, à exciter moi-même. En parlant ainsi, il repoussa la main du vieillard, qui, me croyant fâchée, me dit à son tour qu'il me priait d'excuser sa témérité à cause de l'excès de ses feux. Je ris intérieurement de la méprise de ces deux personnages; je sentis avec plaisir que mes appas étaient restés au pouvoir de celui pour qui j'avais le plus d'inclination. Pendant que sa main officieuse préparait mes plaisirs, je laissai entraîner la mienne par le vieillard, qui l'introduisit dans sa culotte : il me fallut tâtonner à plusieurs reprises pour trouver son pitoyable engin. Cependant, épris de mes attouchemens, il soupirait avec tant de force et d'agitation qu'on l'aurait cru livré à un songe pénible. Mais, lorsqu'après beaucoup de perquisitions j'eus rencontré ses minces appas, je me retournai précipitamment de l'autre côté, et, comme par hasard, je laissai tomber ma main sur la cuisse de l'autre. Pour le coup, je ne fus pas trompée, et à la faveur de l'ombre de la nuit rien n'échappa à l'avidité de mes attouchemens, mon sein, les environs du jardin de Cythère sont également en sa puissance. Nos baisers pleins de feu, nos transports entrecoupés, l'extrême agitation de nos cœurs nous transportent, et, sans nos voisins, qui pouvaient découvrir d'un instant à l'autre ce qui se passait, nous eussions essayé de donner une libre carrière à notre ardeur. La gêne où nous nous trouvions ne faisait qu'enflammer nos désirs ; mais plus il nous fallait prendre de précautions pour dérober jusqu'à la moindre trace de nos plaisirs, plus ceux que nous parvenions furtivement à nous procurer nous paraissaient délicieux : telle était du moins ce que j'éprouvais. Obligée d'agir avec la plus grande précaution pour ne point trahir nos secrets ébats, j'avais encore à craindre que le vieillard, à qui j'avais abandonné mon derrière et qui était parvenu à glisser son doigt au fond du canal de Vénus, ne fut découvert par le jeune homme qui s'amusait à en parcourir les bords avec beaucoup d'art et de prudence. Je me conservai dans cette charmante situation jusqu'à l'instant où la voiture s'arrêta.

Le jeune homme, qui s'appelai Beville, était marié; son épouse l'attendait dans l'auberge où nous descendîmes. Alors, je conjecturai que je ne le verrais plus; nous nous serrâmes la main à la descente de la voiture; j'acceptai ensuite celle du vieillard. Il se tint constamment à mes côtés pendant tout le temps du souper, et il ne cessa pas de faire les charmes de la société par son enjouement. On se leva de table; il m'accompagna dans ma chambre, en prit la clef, sous prétexte de venir m'é-

veiller le lendemain matin ; il aimait
mieux prendre ce soin que de me laisser étourdir par des valets de cabarets,
d'ordinaire brutaux et maladroits. Je
me mets au lit, non sans faire quelques réflexions sur ce qui s'était passé ;
j'étais fâchée d'être séparée de Beville.
Mais ce vieillard, dont la mise annonçait beaucoup d'aisance, me parut
propre à me dédommager de la perte
que mon cœur faisait. Je me doutais
qu'il avait pris la clef de mon appartement dans le dessein de s'en ménager l'entrée : effectivement, je l'en-
tendis bientôt venir. Il m'appelle. Je
feignis beaucoup de surprise et de
courroux de la liberté qu'il prenait. Il
me répondit au nom de son amour ; il
finit néanmoins par m'offrir un présent considérable, si je voulais bien
lui laisser partager mon lit. Après

quelques discussions que la décence or-
donnait, je le reçus à mes côtés ; mais
préalablement je plaçai bien avant entre les deux matelats ce qu'il m'avait
apporté. Par reconnaissance , je réu-
nis tous mes soins pour le rendre heureux. Hélas ! chez lui l'âge avait glacé
le sentiment. En vain me prêtai - je à
tout ce qu'il exigeait de moi ; en vain
prenais-je toutes les positions que son
désir de jouir lui suggérait , rien ne
put vaincre la constante mollesse de
son triste penin. Il voulut que je me
couchasse sur lui ; il prétendait que
cette autre position ranimerait des feux
dont il n'existait depuis long-temps aucune éteincelle. Je me prêtai même à
cette fantaisie , bientôt je m'aperçus
qu'il s'était endormi. Cependant j'étais
courroucée contre ce maudit vieillard ,
auprès duquel mes soins n'avaient servi

qu'à m'enflammer sans pouvoir espérer de satisfaire mon ardeur. Quelque
bruit, que je crus entendre dans la
chambre, m'arrêta dans mes réflexions.
Je soupçonnai que c'était Beville, et,
pour ne point lui faire apercevoir que
j'étais couchée avec le vieillard, je
restai dans la position où j'étais. Je
poussai sur le bord du lit les jambes
de mon compagnon nocturne, et je
livrai mon derrière aux attaques de
l'autre. Il avance au pied du lit, et,
sentant que mon derrière était avancé,
il se met en devoir de profiter de ma
position : il me découvre doucement
par le bas, rejette la couverture sur
ma tête, se met à genoux sur le lit,
porte une main avide sur mes appas,
les dévore de ses baisers et enfin s'em-
presse d'obéir à ses désirs. Muette et
immobile, je crains de lui faire aper-

cevoir que je me prête à ses vœux. Obligée de me raffermir crainte d'éveiller le vieillard, le plaisir me paraît plus piquant, dès que ses apprêts sont entravés de part et d'autre. Enfin, Beville a cessé ses grands mouvemens, le moëlleux jeu de son glaive est le gage du délire où il s'est plongé, ses vigoureux ébats m'avaient déjà fait sentir les atteintes de la volupté, et une moindre rapidité me prépare des délices d'autant plus sensibles qu'elles se développent successivement.

Beville s'éloigne, je reste encore un instant dans cette position, jugeant enfin, par le silence qui régnait dans la chambre, qu'il s'était tout-à-fait retiré, je rétablis mon vieillard dans le lit ; ensuite je m'étends à ses côtés. Ne pouvant fermer l'œil et pensant au présent que je venais de recevoir, j'étais curieuse de savoir en quoi il pouvait consister. Retirant donc le paquet d'où il était contenu, je me jette à bas du lit afin de le déplier dans un coin de la chambre, près de la croisée dont le volet n'était pas bien fermé. En tâtonnant je crus sentir une montre et des pièces de monnaie que je m'aperçus être des louis, je le renferme précipitamment au bruit qui se fit dans ma chambre. On embrassait chaudement le vieillard, et par le bruit du lit je conjecturai que Beville était revenu à la charge. Je faillis me livrer aux éclats de rire, mais à un cri étouffé qui se fit entendre, je cours à la porte sans trop savoir ce que je voulais, j'en arrache la clef que le vieillard avait laissée en entrant, et j'allais la refermer lorsqu'il me semble qu'un nouvel acteur s'y introduit, ce qui me fait reti-

rer dans un petit cabinet que j'avais vu
dans cet appartement avant de me coucher. Aussitôt de violens coups reten-
tissent dans la chambre ; un bruit sourd
semblable à une chute se fait entendre ;
les cris, au secours ! augmentent et
bientôt on accourt avec de la lumière,
je me tiens cachée. L'hôte de la maison avec quelques valets étaient venus
pour mettre le hola, on fut fortement
étonné de trouver dans mon appartement madame de Beville, qui, la rage
sur le front, frappait son mari qui cherchait à couvrir le vieillard de son corps.
L'infâme, disait-èlle, en redoublant ses
coups, quoi, devant moi ! Hélas, elle
est morte disait Beville de son côté,
cependant on retient l'épouse, on arrache avec peine le mari du corps qu'il
tenait étroitement embrassé : jugez de
la surprise des spectateurs ! Beville,

honteux de sa méprise gagna son appartement suivi de son épouse qui lui prodigue les railleries les plus sanglantes.

Cependant l'on s'occupe à me chercher et l'on transporte le vieillard dans sa chambre. Le maître de l'hôtel, une lumière à la main entre dans le cabinet. A son approche je feignis d'avoir perdu l'usage de mes sens. Renversée sur un canapé, j'étais à ses regards l'image de la beauté expirante ; mais mes appas qui n'étaient qu'à demi-voilés firent naître ses désirs. Il éloigne aussitôt le garçon qui l'accompagnait, sous prétexte d'aller quérir les secours propres à me rappeller à la vie, et à peine fut-il éloigné, qu'il se mit en devoir de satisfaire son envie. J'étais fort embarrassée ; il fallut pour mon honneur soutenir le rôle que j'avais commencé ;

d'ailleurs mon hôte était déjà en puissance de mes charmes. Pressé d'une
ardeur des plus brutales, il tenait mes
deux jambes sous ses bras, et par la
véhémence de ses mouvemens, il parvint bientôt à me faire perdre l'usage
du sentiment. Il jouissait à peine du
bonheur qu'excitait le doux épanchement de l'amour, que son épouse arriva. Trop occupé du charme qu'il
éprouvait, il ne fut pas maître d'inter-
rompre son action ; mais je vous laisse
à juger de la fureur de la femme ; elle
renverse sur lui l'eau qu'elle apportait
pour me secourir, il en tombe une si
grande quantité de gouttes sur mon
corps que je poussai malgré moi un
cri , et j'ouvris les yeux ; alors il fallut
bien feindre de vouloir me débarras-
ser des mains de mon hôte , j'implorai
le secours des assistans. Leurs efforts

combinés avec les siens pour rester à
son poste donnaient plus de vivacité à
son action et plus de prix à ma jouissance, aussi m'écriai-je, arrachez-le,
ma.... da.... me, arra.... chez le donc !
Mes soins, ceux de sa femme, les in-
jures qu'elle lui prodiguait, la grèle
de coups dont elle l'accablait, ne lui
firent lâcher prise que lorsqu'il eût ter-
miné sa carrière. Il fut éconduit par
sa chère moitié avec toute la fureur
que la vue de son infidélité lui méritait. — Ah ! un moment Caroline....
et ce Beville et ce coquin d'aubergiste,
faut-il que je leur doive à chacun un
coup. — En vérité, mon ami, un suf-
fira pour deux, il faut se ménager, tu
vois que je suis en voyage. — Je t'entends, j'y suis, ah dieu ! c'est fait. —
J'ai bu. — Encore. — Donnez..... et
le biscuit.. bon... — Je continue :

Au retour de la femme de l'aubergiste, j'étais sur mon séant : où suis-je
madame, lui dis-je, avec un air qui
respirait le plus grand courroux ? Quoi
des filoux viennent la nuit dans mon
appartement : la terreur me saisit, et
dans l'instant où elle me précipite au
bord du tombeau, votre mari est assez
insolent pour commettre à mon égard
une action des plus atroces !.... Je vais
madame, me plaindre à l'officier de
police. La bonne femme prit tout ceci
pour bon jeu bon argent ; elle m'invite,
me supplie de ne point déshonorer sa
maison, c'était la première fois qu'une
pareille affaire lui était arrivée. Elle
voulut que je prisse quelque repos en
me promettant de veiller elle-même à
ma sûreté.

Je dédaignai ses offres ; elle me pria
tant, me fit tant d'instance pour que

j'étouffasse cette affaire , que je résolus de tirer parti , pour mon intérêt ,
de cette aventure , je lui dis donc que
je consentais à tout oublier ; mais ,
qu'allant à .... pour un procès très-
intéressant pour moi et que ne pouvant avoir trop de fonds pour en assurer le gain , j'exigeais d'elle deux cents
louis pour tout taire ; je lui fis comprendre que j'avais trois ou quatre
procès , qu'un de plus ou de moins ne
me gênerais pas ; qu'en conséquence ,
si elle ne voulait pas me satisfaire je
la ruinerait entièrement , tant en dis-
créditant son auberge qu'en la désho-
norant , elle , et faisant condamner son
mari à vingt mille francs de dommages-
intérêts pour l'affront qu'il m'avait
fait. La pauvre femme se jette à mes
pieds , et me dit qu'elle n'avait pas

cette somme, mais qu'elle m'offrait cent louis. Après bien des difficultés, j'acceptai, comme par grâce et j'ajoutai que mon intention était de partir sur-le-champ et que je voulais quatre chevaux pour m'éloigner au plus vite de ce séjour infâme.

Charmée d'avoir vaincu ma résistance, elle fit mettre quatre chevaux à une berline avec laquelle je me proposai de devancer mes compagnons de voyage. L'esclandre qui venait d'arriver et le présent que j'avais reçu du bon vieillard, me tenait singulièrement à cœur. En conséquence, pour éviter les regards des uns et des autres, et de crainte que mes champions ne découvrissent à l'hôtesse ma petite fredaine, je profitai habilement de la crainte de cette femme, et m'habillai,

et après avoir emballé mes effets je me
mis en route avec mes cent louis et le
paquet du vieillard.

J'attendais avec impatience que le
jour parut, pour voir enfin l'étendue
du présent de mon vieux soupirant.
A peine le jour me permit-il de le dé-
ployer que j'en dénouai les cordons;
une montre enrichie de diamans et un
rouleau de cinquante louis étaient les
fruits de ma conquête, je me mis à
rire à l'idée du peu de fruit qu'il avait
retiré de son excessive générosité.

J'arrivai dans l'endroit où je devais
m'arrêter; mais bientôt je fis réflexion
que s'il n'y avait pas de voiture prête,
mes voyageurs de la veille m'y retrou-
veraient, ce que je voulais bien sûre-
ment éviter. Cette pensée même me
détermina à changer de route, comme
j'avais pris la route de Bordeaux, quel-

ques-uns des voyageurs, me dis-je, pourront me découvrir en cette ville et cette aventure pourrait nuire à mes vœux; j'offris donc à mon conducteur vingt pistoles, s'il voulait me conduire à ...., route entièrement opposée pour mon voyage, il y consentit avec joie, nous arrêtâmes une demi-heure seulement et nous reprîmes ventre-à-terre le chemin que j'avais indiqué. A trois lieues de l'endroit que nous venions de quitter, nous traversions un bois qui a environ une demi-lieue de long, lorsqu'un jeune homme à cheval, qui venait à nous, ayant jeté un coup-d'œil dans la voiture, fit un cri qui me retire de ma rêverie, et se lançant vers le postillon, il lui ordonne de s'arrêter. Celui-ci croyant que c'était un voleur, pique ses chevaux et prend le galop en lançant un coup de fouet au cavalier qui est renversé, une minute après un autre cavalier s'approche au galop, tire un coup de pistolet qui jette le postillon à bas de ses chevaux, attache son cheval derrière la voiture, prend la place du postillon et part comme un éclair. J'avais vu cet événement avec crainte et effroi, et attendrissement.

Le nouveau postillon allait un train d'enfer, nous approchons enfin de la ville de ***, mon guide s'arrête, m'ôte son chapeau et me dit : madame, vous avez probablement mauvaise idée de l'aventure qui vient de vous arriver; il est donc possible que sitôt que vous en trouverez l'occasion, vous me fassiez arrêter et la proximité de la ville pourrait vous la fournir : mais vous devez voir par ma conduite que mes intentions ne paraissent pas mauvaises. Cependant comme la mort du coquin qui vous conduisait, pourrait attirer sur mes pas et que je ne puis être assuré de vous autant que vous serez certaine de la pureté de mes intentions, ce dont il ne m'est pas possible de vous persuader, permettez que par prudence dont vous me saurez gré dans la suite, je vais vous mettre dans l'impossibilité de me nuire ainsi qu'à vous-même, mais je vous en conjure, laissez-moi faire et ne vous effrayez pas. En disant ces mots, il descendait de cheval, montait dans ma voiture, me demanda mon mouchoir dont il me couvre la bouche, me lie avec le sien les mains derrière le dos et me fait en même temps mille excuses de ces moyens qu'il était, disait-il, toujours obligé d'employer pour sa propre sûreté et la mienne, remonte à cheval

et part comme l'éclair, il n'entre pas
dans la ville, il quitte la grande route
et par un chemin de traverse, après
six heures d'une course forcée, nous
arrivâmes fort tard dans un endroit que
j'ignore être ville ou village ; car j'y
arrivai la nuit et j'en partis de même.
On s'arrête vis-à-vis d'un parc ; trois
coups de fouet firent ouvrir les portes,
nous entrâmes. Le postillon, toujours
très-poliment, me fait mille excuses de
ce qu'il en a ainsi usé envers moi : il
me dégage et me dit que je suis chez
moi, que je peux disposer de tout, que
demain mon amant serait à mes pieds
et que je pouvais régner. Ce dernier
discours sans avoir positivement rien
de rassurant, me fit oublier cependant
ma terreur du voyage et je commençai à penser que cette aventure n'au-

rait rien en effet de désagréable pour moi ; je me résignai donc facilement à en attendre l issue,

Je n'avais rien pris de tout le jour, j'avais faim . Je demandai à souper : en attendant, m'étant un peu enhardie, je jetai les yeux autour de moi, je vis des meubles charmans, des gravures exquises, des tableaux divins. Un portrait charmant représentait Vénus aux belles fesses, il portait une inscription, je la lus, elle était ainsi conçue : *Ce n'est point là encore Caroline ?* Ma surprise commença à être une surprise de plaisir, surtout quand je vis le bon souper, le zèle des gens, et la délicatesse qui régnait en tout. Je voulus questionner, mais tout le monde était muet. Ma curiosité, mon impatience étaient à leur comble ; je fus

obligée de me coucher sans avoir été
éclaircie, je dormis jusqu'à dix heures
du matin.

Ah! j'ai oublié, comme tu as vu
que d'après mon système, j'avais dé-
buté par être interressée; tu me de-
manderas ce que j'avais fait de mon
argent; il était étroitement serré dans
une poche de cuir que je m'étais fait
faire pour le voyage et qui fermait à
secret. Je me couchai avec et n'avais
garde de laisser à penser que j'eusse
plus que quelques louis.

A dix heures donc je sonnai, un jeune
homme bien bâti se présente, et me
demande ce que veut sa maîtresse.
C'était un beau blond de dix-huit ans;
mais dans ses réponses et sa conduite,
il annonçait cette simplicité, connue
parmi les gens expérimentés sous le
nom d'innocence. Cependant il fut

discret sur les questions que je lui fis,
et sur le lieu où j'étais, et sur le maître du logis. Du reste, je me convain-
quis de sa parfaite naïveté. J'oubliai
bientôt mes questions, pour ne plus
faire attention qu'à mon grand innocent. Je me rappellais toujours avec
délices cet instant où feignant de méconnaître le sexe de Brabant, je m'é-
tais livrée pour la première fois à ses
désirs ; jalouse de me procurer en attendant l'amant qui m'avait été an-
noncé, une jouissance. aussi volup-
tueuse avec cet inconnu, mon esprit
s'applique aux moyens d'y parvenir.

Philippe était si borné, que mes
agaceries n'avaient, depuis deux jours,
rien produit sur son imagination.
Comme je désire avec violence ce que
j'ai désiré une fois, j'ai résolu de hâ-
ter le moment de ma jouissance puis-

que cet amant promis ne venait pas.
Pour monter la tête de Philippe, j'es-
sayais de lui dévoiler partiellement mes
appas ; en conséquence, je le priai plusieurs fois de me mettre ma jarretière.
L'imbécile, en me relevant mes cotillons, les serrait si étroitement sur le
genou, qu'avec la meilleure envie de
lui faire voir mes appas, il détournait
ses regards de la moindre ouverture
qui pouvait permettre à sa vue d'y
plonger : lui disais-je de délacer mon
corset, il relevait aussitôt mon tour
de gorge, de manière que mon sein se
trouvait voilé. Vous avez trop haussé
ma chemise, lui dis-je impatientée ;
passez votre main sous mes jupons,
pour la tirer en bas. Je sentis alors
le plaisir que l'on goûte lorsque nos
appas sont touchés ou découverts par
un objet nouveau : innocent et timide,

il tremble, et sa timidité, seul motif de sa lenteur à s'acquitter de cet office , me causa cette sensation qui s'accroît à mesure que l'on s'approche du jardin de Cythère. Cependant, il baisse légèrement mon linge ; il allait se retirer lorsque je l'oblige à passer sa main entre mes cuisses, afin de me rendre le même service par derrière. Il m'envisage avec un air interdit : ses yeux sont enflammés. Je profite de l'instant où la nature parle à son âme pour réussir dans mon projet ; j'applique ma bouche sur la sienne ; je fais circuler dans mes veines une ardeur inconnue. Ne connaissant ce qui l'agite, il reste immobile à mes genoux, il semble attendre que je lui définisse la cause des feux dont il brûle ; je le renverse , et après avoir écarté mes jambes sous lui, je me place de manière à lui donner la facilité de satisfaire sa curiosité en contemplant mes appas. Ma main effleure sa cuisse ; un léger mouvement m'avertit qu'il est sensible à mon action, sa culotte s'enfle à vue d'œil, et la forte tension de son bijou, que je continue de frotter et de presser légèrement, est la preuve que mes soins ne sont pas infructueux. Tout est naturel chez l'homme à qui la vigueur du tempéramment fait ressentir par degrés les charmes de la volupté ; aussi, à mesure que j'ôte un bouton, ses soupirs annoncent le ravissement qu'il éprouve ; il augmente lorsque sa culotte est tout-à-fait ouverte, et le frottement de sa chemise, lorsque je l'enlève, le fait tressaillir de joie. Enfin, ses appas totalement à nu, m'offrent le plus beau des traits que Cupidon ait eu dans son arc, et qui ne peut être comparé qu'à celui de St-Far. Je m'en empare, l'agite : pour le coup, il ne peut tenir contre les diverses sensations que l'art et la volupté savamment développés lui procurent. Ma main voltige partout ; chacune de ces mutations est marquée par l'impression qu'il ressent. Tantôt sa bouche exprime par des sons entrecoupés , que les feux de l'amour sont en possession de ses sens ; dans l'excès de son ivresse , il soulève mes jupons, et, en proie aux doux accès de la volupté, sa bouche s'applique sur une de mes fesses , avec cette ardeur dont le volume se répand sur toutes les parties propres à recevoir son électricité. Une de ses mains se glisse entre mes cuisses ! Ah! quel plaisir, je lui livre un libre passage ; mes appas sont donc au pouvoir de l'innocence, qui, gui-

Je m'en empare, Sangile: pour le coup il ne paroit certain.

dée par la nature , venait pour la première fois s'extasier à leur vue et leur prodiguer les plus vives et les plus tendres caresses. Lorsqu'il commençait à lever mes cotillons, j'étais dans cet état de désir dont les effets qui sont aussi prompts que l'éclair , se faisaient sentir et augmentaient à raison de ses progrès à découvrir mes charmes. L'amour avait transporté tous ses feux sur les bords du temple , il n'attendait pour se répandre au dehors qu'un léger effort. Aussi, dès que sa main, cette main si désirée , l'eût effleuré , leur éruption s'annonce par une sensation que je ne saurais définir, au même instant le trait que je tiens à la main se blanchit par cette liqueur spiritueuse, qui, par ses premiers effets , inspire à ce jeune homme des cris , des gestes, des mouvemens, gages non

équivoques de l'état où nage son ame.
Je me relève et le fixe : Philippe, lui
dis-je, que sentez-vous maintenant ?
m'aimez-vous ? Il ne répond pas. Une
espèce d'égarement est peint sur ses
regards ; il soulève sa tête, et à peine
a-t-il jeté les yeux sur son instrument
et sur la liqueur qu'il a répandue, qu'il
pousse de hauts cris : Je suis mort !
dit-il ; voilà comme mon père est de-
venu enflé petit à petit, et je suis de
plus comme ma grand'mère, qui est
morte d'un lait répandu. Craignant
que ses plaintes n'attirassent quelques personnes de la maison, je le
prends dans mes bras ; je cherche à
le rassurer. Regarde, mon cher Philippe, entre mes cuisses, lui dis-je,
un épanchement absolument semblable ; j'ai éprouvé le même plaisir, et
c'est toi qui me l'as procuré. Enfin,

convaincu que les mêmes effets s'é-
taient manifestés chez moi, il cessa
ses plaintes.

Sa mère frappa alors à la porte, et
lui demanda pourquoi il avait crié de
la sorte. A cette question je frisson-
nai; mais Philippe répondit plus in-
génieusement que je ne l'aurais cru :
Que c'était un grand conte qu'il m'a-
vait fait à dessein de m'amuser. Allons !
allons , dit alors la vieille , mon fils
n'est pas si sot, voyez-vous, qu'il paraît. Alors la vieille se retire ; mais
Philippe reste.

Bientôt il me montre son bijou , qui
était dans le même état qu'il y a un
instant; il me prie plaisamment de lui
faire perdre cette dureté qui le gênait ;
à moi seul sans doute, qui lui avais
donné cette vigueur, appartenait la
puissance de la lui faire perdre. Phi-

lippe, lui dis-je en recommençant à presser doucement son bel instrument, je veux bien, par un nouveau plaisir que tu ne connais pas, te remettre encore dans ton premier état, mais à condition que tu me diras enfin où je suis et quel est ton maître.

Charmante dame, me dit-il, il m'est défendu, sous peine de la vie de rien dire ; mais n'eussai-je aucune crainte, je l'ai juré, et quand j'ai juré, jamais je ne trahis un secret. Mais songes au plaisir que je viens de te donner ; eh bien ! je te l'augmenterai encore. — Madame, dussai-je en avoir plus que celui que vous me promettez encore, jamais je ne trahirai le secret de mon maître. Cette étonnante discrétion me rendit Philippe plus cher. Voilà, dis-je un homme qui sera un amant discret. Que m'importe au surplus où je suis, pourvu que je jouisse? Viens, dis-je, charmant discret; je ne te demande plus rien que le silence sur nos plaisirs ; puisque tu sais si bien te taire, tu seras heureux. Viens , que nos lèvres soient collées les unes contre les autres ! que nos langues amoureuses , comprimées par les tendres et mutuels efforts de notre bouche, entretiennent et alimentent notre ardeur ! que ta douce et fraîche haleine pénètre dans mon sein , qu'elle y verse tout le feu de ton âme ! Mais, je suis déjà étendue sur le lit, mes appas sont découverts, et Philippe , dont j'ai précipité le haut-de-chausse sur les talons a déjà son ventre sur le mien ; je guide son trait dans le charmant réduit où l'amour l'attire , et portant mes mains sur ses deux fesses, aussi fermes, aussi fraîches que le maître ; je ne fais

que lui donner une légère idée du mouvement nécessaire à nos plaisirs. Le
sentiment qu'il éprouve est son uni-
que maître. Devient-il plus piquant,
ses baisers s'enflamment sur la cir-
conférence de ma bouche, recueillent
jusqu'à mon plus léger souffle, qui,
se confondant alors avec le sien, nous
inspire une ardeur, un sentiment, et
des délices dont l'ensemble fait tout le
prix.

Ah ! cher Philippe ! un instant, nous
allons voir si nous pouvons vous oublier ! — Tu serais excusable, tu serais
à ton cinquième coup, et Philippe
était au premier de la nature ; mais
tu me coupe la parole ! Comme tu te
venges, invincible amant, comme tu
te venges ! Que de délices, mon ami !
Quel ivresse ! le foutre m'inonde, et
je suis presque vaincu. — Caroline, je

dois beaucoup à ton jeu divin. Ta
croupe divine aide merveilleusement
mes efforts, et ici tu as fait plus que
moi. Allons, vigoureux pucelage de
Philippe. — Au vit toujours bandant
de Saint-Far? — Cette fois, les ma-
carons vont te payer, et le reste ne
l'épargne pas! tu en sais faire un si
bon usage! — Eh bien! Philippe, nous
l'avons laissé sur ton sein? — Oui, j'y
suis. Ah! dieu, s'écrie-t-il, quel plaisir inconnu! que n'êtes-vous ma femme! que ne suis-je Brabant! Brabant,
m'écriai-je; Brabant! Grand dieu!
que dis-tu? Le mouvement que je fis
effraya Philippe : il tomba en bas du
lit, roula dans la chambre et s'enfuit,
en relevant sa culotte. En vain je le
rappelai, il était loin. Comment, me
dis-je, Brabant, est ici connu? Serai-
je ici chez Brabant; une foule d'idées

inconnues, embarrassées, s'emparent
de mon esprit. Je questionne, on sou-
rit, au nom de Brabant et on ne répond pas. J'entre en fureur ; je saisis
la mère de Philippe d'une main, de
l'autre, prenant un pistolet qui était
au chevet du lit, je la somme, sous
peine de la vie, de me dire ce qu'elle
savait de Brabant. Elle me répondit
enfin en tremblant : Madame, vous
êtes chez Brabant ; mais croyez que
nous n'avons aucune part à la violence
qu'on vous a faite. — Comment violence ? charmante violence ! Quoi, je
suis chez Brabant ; il n'est pas ici ?
Mes transports de fureur se changent
en transport de joie. Tiens, ma bonne,
reçoit ce petit présent : où est Brabant ?
— Madame, puisque ce n'est pas par
violence que l'on vous a conduite ici,
et que vous aimez Brabant, je vais

vous tout dire. — Assieds-toi, ma bonne ; contes, contes-moi.

Depuis deux mois, Brabant est possesseur de ce château, qu'il acheta de..... : avant, il pleurait une amante qu'on dit jolie ; mais je doute qu'elle le soit autant que vous. Avant hier, il sortit avec son fidèle domestique. Le soir, le domestique revint seul avec vous, nous ordonna, sous peine d'être chassés, de ne pas dire où vous étiez ni de prononcer le nom de Brabant. Il nous enjoignit de vous traiter comme la maîtresse du château ; mais de ne pas vous laisser sortir ni parler à qui que ce fût du château. Et nous aurions tenu notre serment, sans l'imbécilité de mon fils, qui probablement vous a dit ce qu'il en était ; il vous a dit qu'une dame avait acheté ce château, et était venu s'y établir avec Brabant,

qu'à une partie de chasse cette dame
avait été blessée et était morte le lendemain, et que lui, Brabant, en était
seul héritier. Grand dieu, m'écriai-je,
je suis dans la maison de Brabant !
que je suis heureuse ! Je ris, je saute,
j'embrasse tout ce qui m'environne ;
mais une lettre fatale dérangea bientôt mes plaisirs et mes espérances de
bonheur. C'est Brabant qui écrivait.
« Adorable Caroline ! pardonnez-moi
la violence que je vous ai faite, mais
c'est la faute de votre imbécile postillon. Mon intention, en approchant de
votre voiture, était de l'arrêter pour
vous parler : son refus et sa brutalité
sont seuls cause de son malheur ; car
lorsqu'il m'eût renversé et blessé d'un
coup de son fouet, je donnai ordre à
mon fidèle Charles d'aller lui brûler la
cervelle, de vous conduire avec pru-

dence chez moi, ne voulant vous re-
joindre que le lendemain, parce que
je voulais aller à la ville voisine me remettre de ma chute, ne pouvant sup-
porter une route longue et précipitée
dans l'état où j'étais. J'avais cru de la
prudence de vous cacher mon nom,
voulant vous faire un plaisir de la surprise, dans le cas où vous fussiez toujours libre et dans les mêmes disposi-
tions à mon égard ; mais mon sort, qui
devait être celui du plus heureux des
hommes, est bien changé. Je viens
d'être arrêté comme l'auteur de l'as-
sassinat de ce malheureux postillon,
qui exprès est revenu de l'autre monde
pour m'accuser ; mais comme, au contraire, c'est lui qui m'a frappé, je me
retirerai de là. Je viens de faire partir
le fidèle Charles.

Une lettre de mes parens, que j'ai

reçue ici, me donne les plus belles espérances, si j'émigre, et j'y suis dis-
posé. Aussitôt que je sortirai de pri-
son, je me rendrai à Metz, chez
M. B.... Tu peux prendre les devant,
et m'attendre en cette ville. J'empor-
terai avec moi près de cent mille francs
que m'a laissés la pauvre D...; et, si
tu veux suivre ma destinée, nous se-
rons heureux. Envoie-moi un simple
oui, ce sera ta réponse. Je ne t'engage
pas à venir, parce que certaine aventure d'auberge, que je pense être la
tienne, a fait du bruit et on en cherche
l'héroïne. Adieu, ma toute adorable;
j'espère que notre prochaine réunion
sera plus heureuse que celle-ci... »

— Je répondis oui à mon amant, et
dès le lendemain je partis; mais je
n'oubliai pas l'auteur de la consola-
tion que j'avais éprouvée dans ce châ-

teau, le naïf Philippe. Je me mets donc en route avec mon cher adonis. L'équipage à quatre chevaux me restait, ainsi que la berline ; j'avais d'abord eu envie de les renvoyer à l'hôtellerie de mes aventures. Mais aussi, tout bien pensé, je résolus de les garder ; il me semble, disais-je, qu'une femme comme moi vaut bien deux cent louis et mieux, pour un malotru d'aubergiste, qui a eu le bonheur de me baiser sous les yeux de sa femme ; mais craignant que le signalement de la voiture ne fût dans les lieux où je passerais, je fis teindre et chevaux et voitures, et je partis avec assurance.

J'oubliais de te dire que Brabant par *potscriptum*, m'avait dit de prendre dans une cassette dont il m'indiquait le secret ; quatre rouleaux de cent louis pour ma rente, ce qui me mettait en fond , mais de crainte d'accident dans un si long voyage, comme j'en avais assez sur moi , je les fis adresser par la première poste aux lettres au banquier déjà dépositaire de mes premiers fonds.

Jusqu'à Metz mes aventures furent nulles , parce que je n'en désirais pas , étant trés-satisfaite de Philippe, arrivée dans cette ville , je le fis savoir au chevalier de B... Brabant l'avait prévenu , il marquait que l'on devait me recevoir avec égard et il devait arriver dans un mois au plus. Je refusai de loger chez le chevalier B..... aimant la liberté , et voulant paraître avec quelque éclat. Je louai un hôtel superbe, une femme de chambre et voiture, comme Philippe commençait à m'ennuyer, je désirais une intrigue, je ne fus pas long-temps sans en avoir 'ine vraiment singulière, ayant besoin de fonds, j'avais envoyé chez un banquier bijoutier pour me défaire de pièces inutiles ; mais ne pouvant sortir moi-même, étant indisposée, j'avais prié que l'on envoyât chez moi, le fils du négociant vint lui-même ; charmant jeune homme ! qui fit sur-le-champ ma conquête, je causai peu de l'affaire qui l'amenait, je lui donnai un bijou en lui disant de venir le lendemain m'en dire le prix et ce qu'il pouvait m'en donner. J'étais nonchalamment couchée sur mon canapé, et en regardant ce joli jeune homme, je vis bientôt que je faisais sur lui la même impres_ sion qu'il avait faite sur moi. En vain, je voulus lier une conversation suivie avec lui, il était si distrait que ce fut de toute impossibilité : je m'aperçus bientôt du motif, ses regards étaient

6

fixés sur une de mes jambes qui par hasard étaient découvertes. Je fus touchée de la langueur qui était peinte dans ses yeux, j'eus pitié de ses tourmens. Mais il fallait lui donner la facilité de satisfaire son amour, sans avoir l'air d'y consentir; en conséquence, sous prétexte d'un certain mal aise je me mis au lit, en le priant de vouloir bien rester jusqu'à l'arrivée de ma fille de chambre. Quelques minutes après je feignis un profond sommeil : je m'attendais qu'il ferait quelque tentative pour glisser sa main entre mes draps ; mais son respect pour mon repos, le tint immobile. Je rompis le silence et adressant la parole comme à ma femme de chambre, Lucile dis-je, prépare-moi un lavement et tu me le donneras. — Tout à l'heure, dit-il, madame, en adoucissant sa voix.

Je fus enchantée qu'il eût l'esprit et la volonté de se prêter à la ruse que je voulais employer. Quand je crus le lavement à son point, je lui dis de venir me le donner. J'ai toujours trouvé une certaine délicatesse à me laisser découvrir mes appas, surtout lorsqu'une main timide s'acquitte de cet office. J'avais pris la posture que demande cette opération ; mon jeune homme arrive au pied de mon lit, entr'ouvre les rideaux, et le premier objet qui le frappe est un derrière dont la blancheur perçait à travers la finesse du linge, il glissa sa main dessous pour me découvrir, on aurait cru que j'étais fortement enveloppée, tant il paraissait avoir de la peine pour me détrousser, et dans les détours qu'il prenait, il ne manquait pas d'appliquer sa main sur mes cuisses, il en effleure même le haut pour achever de lever ma chemise. Toutes ces petites manœuvres offraient une infinité de détails plus agréables les uns que les autres. Quand il fallut placer la seringue, mon jeune homme était si agité qu'il ne put en venir à bout; enfin sous prétexte du froid que je commençais à sentir, je le fis retirer.

Quelques instans après, ayant entendu certain bruit, je fus curieuse de savoir d'où il provenait, j'avançai doucement la tête et à l'aide d'une légère ouverture pratiquée entre les rideaux, j'aperçus mon pauvre jeune homme occupé à son instrument; il avait le visage tourné vers mon lit; ses lèvres semblaient balbutier; il m'envoyait des baisers; cette vue fit un tel effet sur moi que je me mis à user des mêmes moyens que lui, pour éteindre le feu

Quand il fallut placer la seringue il était si agité
quil ne put en venir à bout.

qui s'était glissé dans mon âme ; déjà
l'une de mes mains voltigeait sur le
temple de l'amour, et avec le secours
de l'autre que je passe sous mes cuisses, j'introduis mon doigt dans l'intérieur, ce double feu qui venait de
m'inspirer la volupté et dont je m'ac-
quittai avec dextérité, commençait à
faire son effet, lorsque je réfléchis que
j'étais bien sotte de me priver d'un
objet qui paraissait si brillant, je me
rajustai dans mon lit et lui demandai
si ma femme de chambre était ressor-
tie. Oui, madame, répliqua-t-il ; cependant il s'agissait de venir à bout
de mon projet, je le fais approcher et
le remerciant de son honnêteté à mon
égard, j'ajoutai que je désirais lui té-
moigner, combien j'étais sensible à
tout ce qu'il avait fait pour moi, en
restant pendant l'absence de ma femme

de chambre ; je causai, il avait de l'esprit, avait envie de m'avoir, il réussit.
Si mon cœur m'appartenait, lui dis-je,
charmée de vos belles qualités je n'hé-
siterais pas à ce que vous me demandez
et à vous offrir ma main ; mais j'ai une
sœur très-aimable ; son amitié pour moi
ne la fera pas balancer un instant sur
l'époux que je lui présenterai.

Il me serra la main d'un air qui semblait me dire : hélas ! c'est vous seule
à qui je désirais m'unir par un si doux
lien ; mais feignant d'interpréter son
intention comme l'expression du désir
qu'il avait, que je fusse sa belle sœur ;
j'ajoutai : la ville qui nous a vu naître
rendit toujours la plus grande justice
à la probité et à la vertu de ma famille
de temps immémorial, la franchise et
la fidélité conjugale datent d'après nos
aïeux les plus reculés jusqu'à ce jour :

serait bien triste pour moi, si vous faisant entrer dans le sein de cette famille respectable, j'introduisais un homme qui vint y porter la douleur et le désespoir. Je ne doute pas, continuai-je de vos qualités morales, mais il faut aussi à la femme la plus vertueuse un mari qui puisse satisfaire aux devoirs du mariage : la bonne volonté ne suffit pas à cet égard, il faut encore mon cher ami, il faut qu'il ait reçu de la nature les moyens propres à remplir sa tâche ; voyons, voulez - vous permettre que je m'en assure de mes propres yeux ? Et je mis aussitôt la main à sa culotte ; parvenue à son priape, je lui dis qu'il était passable. Cependant à force de le presser, de l'agiter, il acquit cette force, cette supériorité, présage d'une heureuse victoire. Il ne suffit pas lui dis-je, de posséder un tel bijou; voyons, si vous savez en faire usage.

En disant ces mots : je l'attire sur moi, et me découvrant, je m'établis dans la position la plus favorable pour l'introduction de son trait.

Il fut d'abord surpris, mais prenant la balle au bond, il s'élance et le pourtour du temple de l'amour est passé dans toute sa longueur. Habile dans cet art, mon jeune homme semble vouloir se surpasser, tantôt il effleure circulairement toutes les parties qui tapissaient l'intérieur du temple de Cythère, tantôt par un mouvement horizontal, il l'emflamme, il l'électrise en entier. Ah ! que ce charme me ravit ! Je sentis jaillir les libations que les amans versent dans les cœurs. Monsieur, disais-je, vous... êtes... digne... d'ê... tre... l'ép.... oux.... de.... ma....

sœu.... r.... le dernier mot est à peine
prononcé que le sacrifice est consom-
mé ; en pieuse prêtresse , je reste un
instant immobile comme si le dieu qui
venait de m'inspirer, avait par sa présence versé dans mon sein la plus vive
émotion.

Le lendemain il revint ; nous fîmes
affaire de mon bijou , qu'il voulut me
laisser pour une nuit seulement, passée
avec moi, mais je n'eus pas l'air de le
comprendre , cette nouveauté le décon-
certa. Pendant quelques jours que je
séjournai encore à **Metz**, il ne manqua
pas de venir régulièrement me faire
sa cour ; mais jalouse de soutenir mes
principes de vertu , je me courrouçai
vivement, lui faisant un crime de sa
conduite indiscrète à mon égard , et
injurieuse pour ma sœur qui méritait
plus d'attachement qu'il ne lui en té-

moignait en ma présence ; enfin , quand je partis et d'après ses pressantes sollicitations , je lui promis de lui amener dans peu cette sœur adorable et qu'il attend encore.

Cependant j'attendais avec impatience le jeune Brabant, il arriva enfin ; mais sans autre fortune que son épée, il lui en avait coûté beaucoup pour se tirer d'affaire ; mais ce n'était pas tout son malheur.

Quelques jours après mon départ de son château , les paysans qui ne voulaient plus de seigneur, y avaient mis le feu et avaient tout pillé , il ne lui restait plus d'espoir que dans les six cents louis que j'avais et dans les brillantes espérances qu'on lui avait donnés s'il émigrait. Ce revers inespéré de fortune le changea , je l'avoue , un peu à mes yeux ; et comme malgré

moi, plusieurs idées qui me vinrent
tout-à-coup lui nuirent dans mon
esprit ; je commençai à soupçonner
Brabant d'être intéressé. Au moins
j'aimais à me le persuader, je le crus
aisément ; il m'avait laissé à de Varennes pour suivre la Durancy et n'a-
vait fait, m'a-t-il avoué, aucune démar-
che pour me retrouver, parce que
disait-il, il s'était sacrifié à la reconnaissance qu'il devait à madame Durancy ; mais que sa mort l'avait rendu
à l'amour. Il ne m'avait d'ailleurs con-
fié que l'argent nécessaire pour la
route, cette mesquinerie me revint à
la pensée et comme en sacrifiant au
plaisir, je n'avais pas oublié ce qui le
procure, c'est-à-dire l'argent, je pris
sur-le-champ mon parti, je fis trois
cents louis que je donnai à Brabant,
en lui disant que j'avais une répugnance

invincible pour l'émigration, que j'aimais la France et que je voulais y rester; qu'au surplus ma fortune ne suffisait pas pour lui et pour moi, et que puisqu'il n'avait pas voulu rester avec moi en sortant de chez de Varennes, puisqu'il craignait de nuire à ma fortune, je craignais de même de nuire à la sienne en partant avec lui.

Il feignit, ou ressentit réellement le désespoir; mais le coup était porté et je ne l'aimais plus. En attendant que je pusse le décider à partir sans moi, je louai une maison de campagne à quelques lieues de Metz, je m'y retirai, il vint m'y voir; et comme avec les trois cents louis que je lui avais remis, il fut assez heureux pour en gagner mille, il voulut me forcer à les reprendre; mais je refusai constamment, charmée même de ce que par là il ne pourrait

me soupçonner de ce qu'il en était.
Cependant ce changement de fortune
ne m'avait pas beaucoup changée à son
égard. Voyant enfin qu'il ne pouvait
rien par la douceur ; il voulut employer la force et la violence ; enfin il
parut se résigner ; il me dit qu'il avait
pris son parti et qu'il m'engageait à
me fixer, et que comme les émigrés ne
seraient pas long-temps sans rentrer,
il reviendrait me trouver. Je consentis
à cet arrangement, puisqu'il ne m'engageait à rien. Un jour il me vint dire
qu'il partait le lendemain et qu'il fallait faire nos adieux par une orgie.
J'y consentis, mais quand la fatigue
du plaisir et du repas ne me laissent
plus de force, Brabant et son domestique m'enlèvent. Déjà j'étais prêt de
la chaise de poste qu'il avait fait avancer
vers le village, alors la fureur s'empare

de moi : traître lui dis-je, tu ne m'emporteras que mourante! Et je fis de tels efforts que je m'échappai et je me lançai du côté de la rivière.

C'est cette nuit où tu vins à mon secours. Je crus Brabant parti sans moi, et le lendemain j'allai me promener en pensant à toi, ton honnêteté avait fait sur moi une vive impression. Je m'amusais donc avec Lucile, lorsque tu parus, et ton action hardie te rendit maître de moi. J'étais la plus heureuse des femmes; je te savais gré de ton crime et dès ce moment je te jurai un amour sans bornes, mais quelle fut ma frayeur quand on vint nous surprendre comme tu le sais. — Quel était ce ravisseur?.... — Devine.... — C'était Brabant dont tu m'as vengée, mais pendant que vous terminiez vo're querelle, j'étais encore la victime d'une autre aventure, j'étais morte de frayeur, à l'instant où tu te lançais vers Brabant; que devins-je , quand, voulant fuir et me couvrir de ton manteau , je fus rencontrée par un homme qui me dit : Laissez , Caroline , ces deux fous se disputer votre conquête, j'ai quelques droits à l'emporter sur eux. Quelle surprise , quand je reconnus dans cette voix celle de Varennes ! Tant d'événemens coup sur coup , me firent perdre l'usage de mes sens et de Varennes en profita habilement. Bientôt il me force de le suivre et me reconduit chez lui plus morte que vive , de Varennes me rassure, il me dit qu'il me mettra à l'abri de cette aventure. Par lui j'appris la mort de Brabant et la fuite de Philippe qui était resté à son service avec tout l'or de son maître. J'appris la disparution de mon cher

St.-Far. Comme on trouva les habits , on dit que tu t'était jeté à l'eau et que tu t'étais noyé. Je n'ai pas eu d'avis contraire, ce qui m'avait fait présumer que tu étais mort; comme je te l'ai dit lorsque tu es venu. Ayant demandé à de Varennes, comment il s'était fait qu'il m'eût rencontrée, il me dit, que passant par Metz pour aller à Strasbourg, il avait rencontré Brabant au spectacle, que celui-ci lui avait d'abord caché ma retraite, mais que l'ayant apprise, il était venu pour me voir, lorsque les cris de ma femme de chambre qui se noyait, lorsque tu l'avais jeté à l'eau, l'avait attiré dans cet endroit, qu'après avoir retiré cette malheureuse, celle-ci lui avait dit de courir au secours de sa maîtresse que l'on violait; qu'il était arrivé quand c'était fait; que quant à Brabant il présumait que non content de son coup de la veille , il espérait être plus heureux aujourd'hui , mais que son coup avait été manqué et puni.

De Varennes resta quelques jours avec moi, afin de me mettre à l'abri dans le cas où cette affaire ferait du bruit.

Pendant ce temps-là, il s'amusa à composer une petite pièce de vers que le méchant répandit partout, voyant que mon aventure n'était pas assez fameuse à son gré. (Voyez la fin.)

Aussitôt que je vis que le meilleur parti était de quitter le pays, je résolus de reprendre mes premières idées. Ton image, mon cher St.-Far, me poursuivait sans cesse; comme tu m'avais dis que tu étais de Marseille , l'espoir que peut-être tu n'étais pas mort

et que je te retrouverais à Marseille,
me fit décider pour cette ville.

J'arrivai enfin sans aventure parce
que je piis la poste jour et nuit et ne
quittai la voiture que pour descendre
dans cette ville. Je me fis un plan de
conduite que je me proposai de suivre
à la rigueur, je prends donc un appartement décent; je n'admets auprès de
moi aucuns de ces petits messieurs qui
ne font qu'une stérile cour au beau
sexe et le perdent. J'acquis dans mon
quartier une réputation de vertu et de
sagesse, contre laquelle toutes les
caisses du Pérou semblaient venir se
briser; je sortais rarement, mais aussi
l'on m'examinait avec avidité; j'étais
la nouveauté du jour, on parlait de mes
charmes aux étrangers dès qu'ils arri-
vaient, ou on leur vantait ma taille et

ma figure avec tant d'enthousiasme que je recevais tous les jours une infinité de billets doux ; mais autant en emportait le vent.

Plusieurs jeunes négocians très-riches me demandèrent de venir me voir en me disant que leur intention était le mariage : on me présumait riche , j'avais une maison montée sans faste mais avec délicatesse, une femme de chambre , un domestique , une cuisinière , voilà ma maison , je donnais quelquefois des concerts , où je faisais une partie dans l'intention qu'on jugeât de ma fortune par mon intérieur. Mon intention était bien le mariage ; cependant je n'y songeai que lorsque j'eus fait faire sous main les plus exactes recherches sur mon cher St.-Far ; mais je n'en appris rien , c'est ce qui me décida pour le parti que tu vas voir.

Il y avait en face de mon logis une maison spacieuse occupée par un Turc ; sa suite annonçait un homme puissamment riche, les sequins de ce fidèle musulman me firent sourire plus d'une fois. J'étais étonnée qu'il n'eût pas fait encore quelques tentatives pour m'approcher. Enfin, un jour je l'aperçus à une de ses croisées , il avait vue sur moi. D'abord pour soutenir ma grande réputation de vertu je me retirai. Le lendemain, je ne parus pas au balcon tandis qu'il se tint constamment à sa croisée, le surlendemain je profitai de l'instant où ce nouvel adorateur fixait ses regards dans mon appartement et suivait constamment des yeux mes moindres démarches , tandis que je fai-

sais ma toilette. Vous pouvez bien juger
que je ne fis pas semblant de faire attention qu'il était là , ma femme de chambre, habile dans l'art d'enflammer un
amant , ne laissa aucun repos à mon
observateur ; elle me passe une chemise , et celle que je tenais sur le corps
tombant avec une vitesse mesurée sur
la descente de l'autre , laisse voir mes
appas avec la rapidité de l'éclair. Elle
arrange mon corset , et si une partie
de mon sein s'offre aux regards de mon
curieux , elle me fait retourner si précipitamment qu'il cherche vainement
en avançant la tête , à suivre les objets
dont il est si avide, sous divers pré-
textes on hausse mes vêtemens par dif-
férentes reprises ; mais dans leur am-
pleur retombant à chaque côté de la
main de ma suivante , il ne peut péné-
trer à travers leurs plis volumineux, à

peine a-t-il la liberté d'entrevoir quelques nuances de mes charmes ; mais tout faibles qu'ils sont, suffisent pour augmenter l'ardeur qui le dévore.

Cependant je m'assieds sur un fauteuil et Lucile s'occupe à me chausser : les bas ne sont pas plutôt parvenus à la hauteur du genou que mes cotillons sont bornés. Un de mes souliers paraît entrer difficilement ; au milieu des efforts qu'elle fait, elle soulève une jambe assez haut pour laisser entrevoir une de mes fesses ; mais le soulier est déjà entré et je suis debout.

J'avais dans mon appartement une glace en face de son logis, j'y jetai un coup d'œil, et je vis clairement s'agiter sa robe de chambre, une de ses mains qui était dessous, m'eût bientôt appris la cause de ce mouvement. Hélas ! c'était à mes charmes qu'il sa-

criflait : il leûr adressait ses vœux ; il
semblait dire : cette joute amoureuse
qu'une légère apparence de vos appas
m'inspire, serait bien autre chose si
les abandonnant à l'amant qui vous
adore, vous vouliez partager ses doux
transports. J'évitai de me montrer pendant le reste de la journée.

Le lendemain, je reçus une lettre
anonyme avec un superbe bracelet.
Quelques jours après l'autre bracelet
m'arriva, avec une seconde missive.
C'était entre les mains de ma femme
de chambre que les cadeaux étaient
d'abord déposés. La tendresse de mon
amant, que je supposai être mon voisin prenant une tournure favorable,
je crus devoir agir avec ruse. Au troisième voyage du porteur de cadeaux,
qui venait avec une grande quantité
de riche étoffes, ma suivante dit : que

sa maîtresse lui avait donné ordre ,
non-seulement de ne rien accepter ;
mais encore de lui renvoyer ce qu'elle
avait déjà reçu, ce n'est qu'hier, ajouta-
t-elle , que j'ai présenté les bracelets
à madame , j'ai été fortement grondée.
Ainsi je vous prie d'attendre un instant
que je vous les remette.

Le commissionnaire , profitant du
moment où elle passait dans la pièce
voisine, jette son paquet sur une table,
et s'enfuit précipitamment,

Enfin pour terminer cette anecdote
de mes aventures amoureuses, je te
dirai que peu de jours après , je vis
arriver mon voisin ; je fis semblant de
le méconnaître, afin de jouer mieux
mon rôle. Beaucoup de complimens
sur mes charmes, beaucoup d'ardeur
de sa part , voilà son début : je lui
témoignai combien j'étais sensible aux

choses flatteuses qu'il me disait. Il me
marqua un grand désir de lier connaissance avec moi ; je lui fis part de
mes craintes sur les propos qui pouvaient s'élever dans la ville au sujet
de ses visites , et le tins toujours si
éloigné de moi , je refusai si constamment ses offres que plein d'amour et
d'ardeur , il fut contraint de m'offrir
sa main pour satisfaire ses désirs.

Assurée de son immense fortune ,
j'acceptai , après m'être fait prier.
Notre union était civilement arrêtée ,
il ne manquait plus enfin à l'amoureux
Ali que d'y mettre le sceau , par une
jouissance pour laquelle il soupirait
depuis long-temps : en conséquence
après un repas des plus délicats je fus
introduite par quatre jeunes filles dans
un charmant appartement. Elles m'y
dépouillèrent de mes habits : une sim-

ple chemise à la turque , d'un tissu le plus fin , voile seule mes appas , je fus de suite introduite dans un salon magnifiquement décoré. Les parfums les plus exquis de l'orient y étaient prodigués ; par leur douce saveur, ils invitaient à la volupté.

Je venais à peine d'y entrer que mon époux arriva , il était suivi de quatre jeunes filles qui dans un clin d'œil se débarrassèrent de leurs vêtemens, quatre jeunes Turcs sortirent au même instant du cabinet voisin , et après s'être également dépouillés, ils se rapprochèrent de leurs compagnes.

Ali était sur un canapé placé en face de celui sur lequel j'étais étendue. Dans l'espace qui se trouvait entre nous deux ; nos huit personnes simulèrent de mille manières , les combats qui se livrent dans l'île de Cythère ,

un tapis épais placé sur des nattes
qui couvrent le parquet, les garantit
des dangers qu'ils peuvent courir dans
leur chute. On les voit se rouler pêle-
mêle ! Les femmes feignent d'être vain-
cues, alors les jeunes turcs se précipitent sur elles. Ils se croient déjà au
comble du bonheur, lorsqu'elles s'es-
quivent avec adresse, et qu'elles se mettent à courir autour de la salle, les
hommes les poursuivent, ils se laissent
renverser, reçoivent leurs amantes dans
leurs bras, mais égalant leur superche-
rie, ils se débarrassent de leurs embras-
semens et viennent se ranger autour
de mon canapé : deux ont le visage
tourné vers moi, de x me présentent
des culs aussi blancs que l'albâtre, sur
lesquels mes mains voltigent, ainsi
que sur deux priapes fermes, gros et
dont les têtes rebondies, sont couron-

nées de feu. Ils se précipitent sur moi. Ma chemise est enlevée ; mes appas sont à découvert, et chacun d'eux y applique ses lèvres ardentes ; aucune partie de mon corps n'est exempte de leurs baisers : les quatre jeunes filles prodiguent les mêmes caresses à Ali.

Cependant nos jeunes combattans se rapprochent, un des plus vigoureux turcs enlève une fille, lui enfonce son priape, et, la soutenant dans ses bras, il court autour de l'appartement ; les filles le suivent en le frappant sur le derrière. Les trois autres hommes les suivent ; tous se mêlent, et tout est confondu.

Cependant l'un des turcs se met à genoux, il baise le joli petit gazon de sa voisine ; cette action la fait soupirer d'ivresse, elle porte la main vers l'en-

droit qu'une bouche amoureuse en-
flamme ; ses yeux voluptueusement
fixés vers le ciel, semblent invoquer le
dieu du plaisir ; les autres se renver-
sent par terre.

Ici, c'est une jeune fille qu'un trait
des plus roides va surprendre par derrière ; là, ce sont deux filles qui, ac-
croupies sur le ventre de leurs amans,
tiennent à la main leur bijou, dont
elles se servent pour préparer les voies
du bonheur.

Aux signes donnés, tous se relèvent,
deux hommes se mettent, comme l'on
dit vulgairement, à quatre pattes,
contre le pied de mon canapé, en sens
différens, deux autres me soulèvent,
me tiennent, et me placent sur le dos
des deux premiers : un siège était sus-
pendu par deux cordes descendues à

hauteur d'homme; deux jeunes filles s'y placent, l'une est assise et l'autre est à genoux. Deux autres filles, occupées à caresser Ali par devant et par derrière, le conduisent en face de moi; il saisit mes jambes, et son trait, guidé par la main des deux acolytes, m'a pénétrée. Ali était debout; il avait à la hauteur de sa tête ces deux jeunes filles qui, comme je l'ai dit, étaient placées sur cette espèce de balançoire; l'une lui présentait le devant, et l'autre le derrière. Son œil est satisfait; il applique ses lèvres ardentes sur les objets qui se présentent à sa vue. Les deux autres sont occupées à le caresser en tous sens; elles le baisent tour à tour dans le lieu où le contact des lèvres peut opérer quelques sensations; elles vont même jusqu'à cher-

Il appliqua ses lèvres ardentes sur [illegible]
[illegible] à sa vue

cher la racine de son priape, afin qu'aucune partie de son corps ne soit exempte de la volupté.

Pendant ce temps-là, j'applique les mains à droite et à gauche, sur le derrière des hommes, sur le dos desquels je suis renversée, les deux autres, placés à côté de moi, me présentent tour à tour leur cul et leur priape ; si l'un d'eux me couvre de baisers, l'autre de son doigt anime les rives de la fontaine du plaisir. A peine en a-t-il fait sentir quelque effet que son compagnon lui succède dans cet aimable jeu. Enfin, que vous dirai-je, le premier acte de notre union se consomma ; ces tableaux variés, attrayant, du dieu des plaisirs, présentés à notre vue, lui donnèrent un prix que je ne saurais trop apprécier et qui fut c menté par six libations.

Ali mourut quelque temps après, et me laissa maîtresse de toute sa fortune.

J'avouerai qu'il était temps qu'Ali mourut; car les parties où ses sens cherchaient à puiser un nouvel aliment me répugnaient à la fin. — Voici le septième, Caroline. — Ah! St.-Far, je t'en conjure! épargnes-moi! laissons à jouir pour demain. — Non, par les dieux, ton tableau m'a ranimé; vois comme c'est brillant! livre-lui encore cette victoire! — Avant, prends le verre et le biscuit. — Non, après. — Je ne puis différer, et je suis encore tout foutre; vois plutôt. — Ah! je ne vois rien; je ne fais que sentir ton allumelle brûlante. Cette fois elle me consume : grâce, grâce, je te la demande au nom d'Ali qui meurt. — Allons le voilà enterré — Je dis donc, qu'Ali mourut bientôt épuisé , et me laissa maîtresse de sa fortune.

Jusqu'à présent tu n'as encore vu que le brillant de mon histoire, et mon bonheur était à son comble. Je croyais que la mort de mon mari me laissait libre maîtresse de cent mille livres de rente, lorsqu'un matin je vis descendre chez moi une femme qui se prétendit héritière de mon mari. Elle avait gardé le silence du vivant d'Ali , parce qu'elle craignait qu'il ne divorçât , ou ne détournat ses biens ; au lieu qu'en gardant le silence , qu'elle avait promis moyennant cinquante mille livres qu'Ali lui avait donné : elle se doutait bien qu'Ali ne penserait plus à elle. Elle avait un fils ; je n'avais point d'enfant ; elle gagna son procès. De sorte que je me trouvais moins riche qu'auparavant. J'avais retiré mes fonds de chez mes banquiers ; ils avaient été tous donnés à ma femme de chambre, qui avait si habilement conduit mon intrigue et fait mon mariage. Je n'eus plus pour ressource que mes bijoux et ma garde-robe. On me plaignait à Marseille, mais personne ne se proposa de me consoler. Je vins à Paris, espérant faire dans cette capitale quelque conquête. Un prétendu marquis, qui voulait faire une dépense d'enragé, emporta mes bijoux et me vola tout. Enfin, complétement ruinée, sans ressource, sans connaissance, j'étais réduite au métier infâme ou tu m'a vue lorsque j'ai rencontré si heureusement mon cher St.-Far.

A propos, avant de terminer notre charmante séance, il faut que je te dise la pièce de vers, bien méchante

et bien morale, que de Varennes fit
courir sur mon aventure de la prairie.

LE COMBAT SINGULIER.

Deux rivaux se battaient pour voir à qui des
    deux,
Le sort accorderait de devenir heureux,
    Sur le beau sein de Caroline.
La petite attendait pour prendre ses ébats,
Que le vainqueur de l'autre eût arraché la p..
    Nos champions à quelques pas
Se livrent donc les plus grands combats;
Par cent détours leurs corps s'allongent et se
    replient
    Ils s'avancent et se défient,
    Ils se pressent.... mais en vain.
    Leur fer poussé vivement se mesure,
Mais il ne fait point de blessure,

Leur courageuse main
Porte d'estoc et de taille,
Et ne fait rien qui vaille :
Nos héros transportés de rage et d'amour,
S'entrelacent tous deux, s'évitent tour-à-
tour.

Tel est un V... novice encore
Dans l'art de foutre un C...,
Qui s'aprête à cueillir la fleur qui vient d'é-
clore,
Portant encore un doux coton ;
Il voudrait traverser la borne qui s'oppose
Au plaisir d'enlever cette rose.

Il recule... avance... et... la rage des efforts
Expire sur les bords.

Ainsi nos deux rivaux que la fureur en-
flamme,
S'efforcent mais eu vain de se transpercer
l'ame.

Leur mutuel espoir, leurs mutuels efforts,
Trompés et renaissans sans cesse
Vont expirer ; mais enfin la tendresse,

L'orgueil et la fureur rendent leurs coups
    plus forts ,
Leur V.... bandant levaient une insolente
    crête,
Se menaçaient tous deux et leur triple
    C...lon
      Dur, gros et rond,
      Annonce une inondation ,
      A s'échapper toute prête.
      Enfin un coup d'éclat
      Termine ce long combat.
Achille atteint un vit, et Hector d'outre en
    outre
Le perce : celui-ci tombe, en s'écriant foutre !
Nom chéri des français et si cher à l'amour,
    Mais à son tour,
    Que faisait Caroline,
Pendant ces terribles débats ?
Elle préparait ses appas,
Que parcourait son joli bras,
A bien recevoir la victorieuse pine.

Lorsque vint à passer par là
Un fouteur qui désirait le faire;
Il vit la fille et le combat,
Et se doutaut du mystère,
Il résolut d'en faire son affaire;
Et comme sous tout rapport,
La chose était pressée,
Il fit l'exorde à la volée;
Ange du ciel, dit-il avec transport,
Que je plains votre foutu sort;
Et qu'il me cause d'alarmes !
Aussi pourquoi réserver tant de charmes,
 De fraîcheur et d'attraits,
Pour un faquiu qui, sanglant, hors d'ha-
 leine,
Viendra vous présenter un vît qui baude à
 peine.
Il n'en peut être ainsi j'ai le plus beau des
 traits
 Qu'amour ait formé jamais.
Voyez, femme charmante, il faut enfin vous
 rendre.
Disant ces mots d'un air vif et tendre,

Qu'un vit long dur et gros faisaient bien
   mieux comprendre
Notre fouteur, prenait, poil, cul, tétons,
   Et sa main enhardie
   Soudain arrive au Con.

   Caroline étourdie,
   Tombe sur le gazon,
   Mollement étendue,
   Bientôt haletante, éperdue,
Elle soupire et dit qu'elle est six fois foutue
   Ainsi vient un troisième laron,
   Qui se saisit de maître Aliboron.

Tu as vu, mon cher Saint-Far, ma
franchise jusque dans les moindres détails ; j'espère qu'elle te donnera con-
fiance dans l'épanchement des sentimens que tu m'inspire et que je t'exprime. Oh ! oui, n'est-ce pas, tu vas
aimer ta Caroline ? elle jure de t'ado-

rer toujours ; mais, c'est assez pour
cette nuit ; viens te reposer sur mon
cœur, que Morphée nous environne de
ses songes agréables, et que l'amour,
en nous réveillant, nous trouve dispo-
sés à de nouveaux et d'éternels plaisirs.
— Que tu me rends heureux, ma chère
Caroline, de quels délices tu m'as eni-
vré ! J'en jure par l'amour, nous vi-
vrons pour le bonheur.

(Ici le style de Caroline change :
au lieu de continuer son récit en action, elle prend le ton du simple narrateur).

Depuis dix-huit jours, je goûtais avec
Saint-Far des plaisirs sans cesse renaissans. Cet amant généreux et deli-
cat m'avait placée dans un charmant appartement, qu'il avait orné de meubles
très-galans, dont il m'avait donné la
propriété. Tous les jours c'était nou-

veaux plaisirs, nouveaux amusemens. Heureux de le voir sans cesse, je ne songeais nullement à user du droit de mes charmes pour faire des conquêtes, l'amour l'emportait sur la coquetterie, si naturelle à mon sexe. Aussi n'avais-je pas eu d'aventures lorsqu'un événement imprévu vint me jeter dans une inquiétude qui paraît décider du sort de ma vie. Nous nous rendions à Bagatelle, Saint-Far et moi, dans un rapide carrik, lorsqu'un homme, monté sur un charmant cheval, qu'il pressait fortement, jeta un regard sur moi, et s'écrie en passant : Grand dieu ! c'est elle ! comme elle est ravissante ! Il continue rapidement son chemin et disparaît. Nous arrivons à Bagatelle, nous y jouissons des charmes de ce délicieux endroit. Dans un moment où Saint-Far s'était éloigné de moi, un inconnu passe

avec vitesse près de moi , me saisit les-
tement la main , dans laquelle il glisse
un billet et disparaît. Il fit ce mouvement avec tant de rapidité , que je n'eus
pas le temps seulement de songer à
l'empêcher. Je tenais le billet, il fallait
bien le lire ; il contenait les lignes sui-
vantes , écrites au crayon :

« Adorable Caroline , j'ai eu le mal-
» heur de vous insulter, parce que je
» ne vous connaissais pas. Je brûle de
» réparer ma faute ; et si ma main et
» ma fortune peuvent y concourir, dites
» un mot , je suis à vos pieds. Si toute-
» fois le malheur ne me poursuit pas
» assez pour que votre cœur et votre
» main ne soient plus libres encore,
» je vais paraître à vos yeux. »

Je lus et relus ce billet ; mille sentimens divers s'emparaient de mon cœur.
Mais quel était cet inconnu ? quelle

était cette insulte dont il me parlait. Je repassais dans ma mémoire toute mon histoire, et m'épuisais en conjectures, lorsque je vis Saint-Far arriver près de moi avec un homme que je ne connaissais pas, et qui, à ma vue parut timide et embarrassé. Il se remit cependant; il s'extasia beaucoup sur mes charmes, me loua assez franchement, et continuant sa conversation avec Saint-Far, Monsieur, dit-il, demain votre argent sera prêt, si vous me permettez de vous le faire porter et de déjeûner avec cette charmante personne, qui sans doute est votre épouse. Non, Monsieur, reprit Saint-Far, mademoiselle est ma cousine. Que dites-vous ? Grand dieu ! serai-je assez heureux ! Je ne puis résister au feu qui me tourmente. Ecoutez, Monsieur; j'ai des excuses à faire à mademoiselle ; mais avant d'aller lui avouer ma faute, apprenez d'abord qu'elle est la réparation que je voulais en faire. Vous venez de recevoir un billet, mademoiselle, montrez-le à Monsieur votre cousin. Ne sachant que penser de tout ceci, je remis machinalement le billet à Saint-Far, ne sachant trop comment il prendrait cette aventure. Il le lut, me le remit, et dit à cet amant, comme tombé des nues : ma cousine est maîtresse de son sort ; elle réfléchira sur votre réparation, quand elle saura la faute qu'elle a à vous pardonner. Demain, venez la lui apprendre. En disant ces mots, nous remontâmes en carrik et nous disparûmes.

Saint-Far rit beaucoup de cette aventure ; mais enfin, reprenant son sérieux : Ecoute, Caroline, tu ne doute pas de mon amour ; mais je crois que

dans cette circonstance je dois le sa-
crifier à ton bonheur. Et , comme il a
fait banqueroute deux fois , au moins ,
tu sens qu'il est riche. C'est sur lui
que j'avais pour cinquante mille francs
de traites lorsque ta présence a dissipé
mes craintes et rétabli la bonté de mes
effets ; mais ce n'est pas de moi ni
de mes effets et intérêts que je veux
t'entretenir. Tu ne peux pas être toujours avec moi , Caroline ; je ne puis
te jurer un amour éternel , et je ne
suis pas assez fortuné pour te faire un
état bien indépendant. Epouses ce
fournisseur , il est riche ; tu placeras
tes fonds ; je te donnerai les cinquante
mille francs qu'il me doit ; je te ferai
avantager de deux cents mille. Et ,
quoiqu'il arrive , tu seras au – dessus
des vicissitudes de la fortune. Voilà
pour toi. Mais il est juste que je ne

m'oublie pas ; ma qualité de cousin doit me donner une entrée près de ton mari et de toi , et celle d'amant pour entrer dans ton boudoir ; tu m'entends , n'est-ce pas ? Oh divin Saint-Far , m'écriai-je , oui , oui , toujours à toi ; tu es mon dieu , veille sur ma destinée ; je me livre toute entière à mon protecteur et toujours à mon amant. Nous arrangeâmes notre plan. Le lendemain , le fournisseur vint ; sa bonacité , sa bêtise m'amusèrent , mais son coffre-fort me riait beaucoup, il faut l'avouer. Il me déclara son amour, et me dit , que pour réparer la faute dont il s'était rendu coupable, il était prêt d'implorer son pardon à mes pieds , et de me donner telle réparation que je voudrais. Lui ayant demandé ce que c'était que cette faute , que je ne connaissais pas et dont il se

prétendait coupable. Il hésita beaucoup, mais enfin il déclara que c'était
lui qui avait eu l'impertinence de m'é-
crire cette lettre dont le port avait
coûté à son domestique. Je m'empor-
tai beaucoup à ce récit ; je ne voulais
pas le voir ; je voulais qu'il sortit, et
j'allais me porter à quelques excès
lorsque Saint-Far survint, il réconcilia
tout, arrangea tout, et mit sa cousine
dans les bras de Monsieur, (je dirai)
Mondor ; car, enfin il est inutile de découvrir la face d'un tel mari, qu'au
surplus l'on connaît déjà d'après ce
que j'ai dit. Me voilà donc madame
Mondor, jouissant, heureuse par les
richesses de mon mari, heureuse par
la tendresse de mon amant. Une petite
aventure mit un instant le trouble dans
notre ménage. Mon mari surprit un
billet de Saint-Far, qui était bien intel-

ligible. Je lui avais donné rendez-vous
pour la nuit suivante. Il me répondait
que, par la fausse porte dont il avait
la clef, il serait vers dix heures de la
nuit à mes pieds. Mondor ne fit rien
paraître, mais la nuit suivante il reste
chez moi jusqu'à dix heures. J'eus
beau me plaindre d'une migraine épou-
vantable, désirer d'être seule, de reposer, l'impitoyable Mondor m'éveillait
à sa grosse manière, il ne m'en paraissait que plus détestable. Dix heures
sonnent, il me quitte. Enfin, je croyais
ma dupe retirée ; j'ouvre à Saint-Far
que j'entends monter. A peine est-il
déshabillé et prêt à se coucher près
de moi, que par la même porte, entre,
qui ? mon mari, qui, tenant un pistolet à la main et un flambeau de l'autre,
ordonne à Saint-Far de sortir sur-
le-champ, et le met en cet état dans

la rue. Le bourreau, ensuite, pour comble de cruauté, passe le reste de la nuit avec moi. Depuis ce temps, je ne vois plus mon cher Saint - Far qu'avec beaucoup de précautions. J'avoue que cela m'ennuie quelquefois, et que je désirerais un ami qui pût, sous prétexte d'être celui de Mondor, être véritablement le mien. J'ai cinq ou six adorateurs, qui me pressent beaucoup; mais mon cœur ne peut se décider encore à faire un choix.

L'ÉDITEUR. Voilà où en est l'histoire de la belle Caroline. Il faut espérer qu'elle se décidera dans le choix à prendre les cinq ou six; elle paraît pouvoir soutenir une pareille entreprise. Pour moi, si j'étais du nombre de ces cinq ou six, j'abandonnerais bien volontiers tout; je ne veux pas être acteur dans ces scènes de débauches, et je me réserve celui de narrateur pour les événemens de la vie d'une si grande héroïne, que je donnerai au public, s'il agrée cette première partie de sa vie.

HONNI SOIT QUI MAL Y PENSE

FIN.